REZEPTKAPITEL

ANNINA SCHÄFLEIN

Burger mit ausschließlich pflanzlichen Zutaten schmecken lecker und bedeuten keinesfalls Verzicht – davon ist unsere Autorin überzeugt. In diesem Buch zeigt sie, wie man köstliche und nährstoffreiche Burger zubereitet, die nicht nur Veganerinnen und Veganer überzeugen.

Was macht vegane Burger besonders?

Vegane Burger können sowohl klassisch als auch in neuen kreativen Variationen zubereitet werden. Und das ganz ohne Verzicht. Durch die Zutaten und Gewürze kommen sie wunderbar deftig oder fruchtig leicht daher, sodass für alle etwas dabei ist. Die pflanzlichen Zutaten liefern clever kombiniert wertvolle Nährstoffe, dazu gibt's noch eine Extraportion Genuss und Glücksgefühle. Ich bin überzeugt, dass die veganen Burger wirklich jeder und jedem schmecken. Einfach mal ausprobieren!

Was darf für dich auf einem veganen Lieblingsburger nicht fehlen?

Für mich kommt es auf die ausgewogene Auswahl und Kombination aller Bestandteile an. Das krosse, saftige Patty gibt als Herzstück die Geschmacksrichtung vor. Das Brötchen sollte knusprig angeröstet, aber nicht zu fest sein, damit die Füllung nicht beim ersten Bissen rausquillt. Ergänzt wird der vegane Lieblingsburger mit einer Sauce, die ihn saftig macht und weitere Aromen ins Spiel bringt. Dazu kommt Salat, Obst oder frische Kräuter sowie ein Topping mit Würze und Knuspereffekt.

Ist das nicht sehr aufwendig mit den vielen Komponenten?

Burger zu machen, muss weder zeitintensiv noch aufwendig sein. Oft braucht es nur wenige Zutaten. Ich bereite sowohl Brötchen als auch Pattys in größeren Mengen zu und friere sie ein. Die Saucen lassen sich gut vorbereiten. Wenn die Burgerlust kommt, einfach Brötchen und Pattys im Ofen aufbacken, mit frischen Zutaten ergänzen und genießen. Wer es ganz eilig hat, kann einzelne Zutaten fertig kaufen. Es gibt inzwischen eine große Auswahl an guten veganen Pattys, die auch auf einem gekauften Brötchen schmecken.

BLITZREZEPT CHEESEBURGER

4 Burgerbrötchen halbieren und im Toaster kurz rösten.

1 Zwiebel schälen und in dünne Ringe schneiden.

2 EL Öl in einer Pfanne erhitzen.

Die Zwiebelringe und 4 vegane Burgerpattys bei mittlerer Hitze pro Seite 4–5 Min. braten.

Wenden, je 1 vegane Käsescheibe (Cheddar Style) auflegen und schmelzen lassen.

Die unteren Brötchenhälften mit je 2 EL veganer Burgersauce bestreichen. Pattys und Zwiebeln darauflegen und je 1 EL Grillgemüse in Öl (Fertigprodukt) darüber verteilen. Die oberen Brötchenhälften auflegen.

BURGER KLASSISCH KOMBINIERT

Für 4 Personen • 1 Std. 5 Min. Zubereitung • 28 Min. Backen • Pro Portion ca. 730 kcal, 24 g E, 23 g F, 107 g KH

LINSEN-CURRY-BURGER

ORIENTALISCH

100 g rote Linsen
50 g Couscous
1 Zwiebel
500 g rote Spitzpaprika
2 EL Öl
2 TL mildes Currypulver
40 g Mehl
Salz
4 Kebab-Brote (ersatzweise 1 großes Fladenbrot, geviertelt)
4 Stängel Minze
350 g vegane Joghurtalternative aus Kokos

MEHR DARAUS MACHEN
80 g Walnüsse für eine Extraportion Vitamin E grob hacken und unter den Joghurt rühren.

1 Die Linsen in einem Sieb abbrausen. Mit 350 ml Wasser in einem Topf aufkochen und zugedeckt ca. 10 Min. sanft köcheln lassen. Den Herd ausschalten. Den Couscous in einem Sieb abbrausen, dazugeben und ca. 5 Min. quellen lassen.

2 Inzwischen die Zwiebel schälen und klein würfeln. Die Paprika waschen, halbieren, weiße Trennwände und Kerne entfernen, die Hälften nochmals durchschneiden. 50 g Paprika fein würfeln. 1 EL Öl in einer Pfanne erhitzen und Paprika- und Zwiebelwürfel darin bei großer Hitze ca. 4 Min. anbraten.

3 Den Ofen auf 200° vorheizen, ein Backblech mit Backpapier auslegen und mit dem restlichen Öl (1 EL) bepinseln. Die Paprikaviertel mit der Haut nach oben auf eine Blechseite legen.

4 Linsen- und Paprika-Mischung, Currypulver, Mehl und Salz mit dem Pürierstab zu einer fein-stückigen Masse pürieren. Mit feuchten Händen 4 feste Pattys (ca. 9 cm groß) formen und auf das Blech legen. Alles im Ofen (Mitte) ca. 18 Min. backen. Paprika herausnehmen, Pattys wenden und in ca. 10 Min. knusprig backen. Die Brote auf einem Rost (unten) ca. 5 Min. mitbacken.

5 Inzwischen die Paprikaviertel häuten. Die Minze waschen, trocken schütteln, Blätter abzupfen und grob hacken. Den Joghurt mit Minze glatt rühren und mit Salz abschmecken. Die Brote halbieren und die Hälften mit je 3 EL Joghurt bestreichen. Pattys und Paprika auf die unteren Brothälften legen und mit den oberen Brothälften bedecken.

Für 4 Personen • 30 Min. Zubereitung • Pro Portion ca. 525 kcal, 12 g E, 26 g F, 60 g KH

ITALO-BURGER

EINFACH

1 große Aubergine (ca. 250 g)
2 Zucchini (ca. 250 g)
1 Knoblauchzehe
30 g Pinienkerne
5 EL Öl
Salz, Pfeffer
100 g Mehl
2 TL getrockneter Oregano
20 g getrocknete Soft-Tomaten
4 Ciabatta-Brötchen
80 g veganes Basilikumpesto

1 Das Gemüse waschen und putzen. Die Aubergine in 5 mm dicke Scheiben schneiden, die Zucchini mit dem Sparschäler längs in Scheiben schneiden. Den Knoblauch schälen und pressen. Die Pinienkerne in einer großen Pfanne ohne Fett goldbraun rösten, herausnehmen. 1 EL Öl in der Pfanne erhitzen und die Zucchini darin ca. 6 Min. anbraten. Gelegentlich wenden, salzen und pfeffern.

2 Je 2 EL Öl in zwei großen Pfannen erhitzen. Das Mehl mit Knoblauch, Oregano, Salz und 150 ml Wasser in einem tiefen Teller glatt rühren. Die Auberginen darin panieren und im Öl bei mittlerer Hitze pro Seite ca. 4 Min. braten. Auf Küchenpapier abtropfen lassen.

3 Getrocknete Tomaten in feine Streifen schneiden. Die Brötchen halbieren und alle Hälften mit je 1 TL Pesto bestreichen. Die unteren Hälften mit Tomaten, je 4 Scheiben Aubergine und Zucchini belegen, mit Pinienkernen bestreuen und die oberen Hälften auflegen.

Für 4 Personen • 25 Min. Zubereitung • Pro Portion ca. 810 kcal, 66 g E, 32 g F, 65 g KH

HAWAII-BURGER

EXOTISCH

4 Hamburgerbrötchen
1 rote Zwiebel
500 g rohe vegane Hackalternative auf Sojabasis
10 Tropfen Flüssigrauch (Liquid Smoke)
Salz
3 EL Öl
8 EL Teriyaki-Sauce
4 Scheiben vegane Burgerkäse-Alternative
4 Scheiben Ananas (aus dem Kühlregal)
1 Tomate
4 Blätter Kopfsalat
4 EL vegane Mayonnaise

1 Brötchen halbieren, mit den Innenseiten nach unten in einer großen Pfanne kurz anrösten, herausnehmen. Zwiebel schälen und fein würfeln. Zwiebel, veganes Hack und Flüssigrauch verkneten und salzen. Mit einer Burgerpresse 4 Pattys formen. 2 EL Öl in der Pfanne erhitzen und die Pattys darin bei mittlerer Hitze pro Seite ca. 5 Min. braten, auf beiden Seiten mit je 1 EL Teriyaki-Sauce bestreichen. Den Herd ausschalten und jedes Patty mit 1 Käsescheibe belegen.

2 Inzwischen in einer zweiten großen Pfanne das restliche Öl (1 EL) erhitzen und die Ananasscheiben darin bei mittlerer Hitze pro Seite ca. 4 Min. anbraten. Die Tomate waschen und in Scheiben schneiden, den Salat waschen und trocken schütteln.

3 Die Brötchenhälften mit je ½ EL Mayo bestreichen. Auf die unteren Hälften je 1 Salatblatt legen. Patty, Ananas und Tomatenscheiben darauflegen. Mit den oberen Brötchenhälften abdecken.

Für 4 Personen • 35 Min. Zubereitung • 25 Min. Backen • Pro Portion ca. 670 kcal, 18 g E, 33 g F, 69 g KH

MEXICAN BURGER

FÜR GÄSTE

3 EL Chia-Samen
1 Dose schwarze Bohnen (240 g Abtropfgewicht)
1 große Zwiebel
125 g Haferflocken
50 g Tomatenmark
1 TL geräuchertes Paprikapulver
Salz, Pfeffer
4 Burgerbrötchen
300 g Tomaten
2 Avocados
1 TL Zitronensaft
80 g Nachos (salzig oder scharf)

HALTBARKEITS-TIPP
Die Pattys können gut vorbereitet und im Ofen erwärmt werden. Sie halten sich in einer Box mit Deckel im Kühlschrank 3 Tage lang frisch und können auch eingefroren werden.

1 Den Backofen auf 220° vorheizen und ein Backblech mit Backpapier auslegen. Die Chia-Samen in 50 ml heißem Wasser ca. 10 Min. quellen lassen. Die Bohnen in ein Sieb abgießen, abspülen und abtropfen lassen. Die Zwiebel schälen und fein würfeln. Die Bohnen mit Haferflocken, Tomatenmark, Paprikapulver, der Hälfte der Zwiebelwürfel und den Chia-Samen im Hochleitungsmixer zu einer grob stückigen Masse mixen. Mit Salz und Pfeffer würzig abschmecken.

2 Aus der Masse mit angefeuchteten Händen 4 ca. tennisballgroße Kugeln formen, auf das Blech setzen, leicht flach drücken und zu Pattys (ca. 8,5 cm groß) formen. Im Ofen (Mitte) ca. 15 Min. backen, wenden und in ca. 10 Min. knusprig backen. Die Burgerbrötchen die letzten 3 Min. mit auf das Blech legen. Alles aus dem Ofen nehmen.

3 Inzwischen die Tomaten waschen, halbieren, entkernen und festes Fruchtfleisch fein würfeln. Mit den übrigen Zwiebelwürfeln, Salz und Pfeffer abschmecken. Die Avocados halbieren und entkernen, das Fruchtfleisch mit einem Löffel herauslösen und mit einer Gabel zerdrücken. Mit Zitronensaft, Salz und Pfeffer abschmecken. Die Nachos grob zerkleinern.

4 Die Brötchen halbieren, die Tomatensalsa auf den unteren Hälften verteilen und die Pattys darauflegen. Die Guacamole auf den Pattys verstreichen, die Nachos daraufstreuen und andrücken. Die oberen Brötchenhälften auflegen.

Für 4 Personen • 17 Min. Zubereitung • Pro Portion ca. 760 kcal, 28 g E, 48 g F, 52 g KH

LUPINENGYROS-BURGER

SCHNELL

4 Brioche-Burgerbrötchen
2 EL Öl
400 g Lupinengyros (aus dem Kühlregal)
½ Gurke
2 Knoblauchzehen
1 rote Zwiebel
80 g Kalamata-Oliven (entsteint)
120 g Heidelbeeren
200 g vegane Feta-Alternative
Salz, Pfeffer
150 g vegane Joghurtalternative aus Cashewkernen

1 Die Brötchen halbieren, mit den Innenseiten in eine große Pfanne legen, kurz anrösten und wieder herausnehmen. Das Öl in der Pfanne erhitzen und das Lupinengyros darin bei mittlerer Hitze ca. 10 Min. unter gelegentlichem Rühren rundherum anbraten.

2 Inzwischen die Gurke waschen, fein reiben und in ein Sieb geben. Nach ca. 5 Min. gut ausdrücken. Knoblauch schälen und sehr fein würfeln. Zwiebel schälen und in dünne Ringe schneiden. Die Oliven in Scheiben schneiden. Heidelbeeren verlesen, waschen, mit dem Feta in eine Schüssel geben und mit einer Gabel zerdrücken. Mit Salz und Pfeffer abschmecken. Gurkenraspel und Knoblauch mit dem Joghurt glatt rühren, mit Salz und Pfeffer abschmecken.

3 Die unteren Brötchenhälften mit Joghurt bestreichen und mit Gyros, Zwiebelringen und Olivenscheiben belegen. Die Feta-Heidelbeer-Creme daraufgeben und die oberen Brötchenhälften auflegen.

Für 4 Personen • 20 Min. Zubereitung • Pro Portion ca. 340 kcal, 9 g E, 11 g F, 46 g KH

PULLED BBQ-JACKFRUIT-BURGER

EINFACH

4 große Brioche-Burgerbrötchen
1 kleine Zwiebel
1 Knoblauchzehe
2 EL Olivenöl
400 g Jackfruit (natur; eingeschweißt)
1 TL geräuchertes Paprikapulver
2 TL edelsüßes Paprikapulver
100 ml vegane BBQ-Sauce (selbst gemacht oder gekauft)
Salz
2 TL Senf
160 g Krautsalat (selbst gemacht oder gekauft)

1 Die Burgerbrötchen halbieren, die Innenseiten in einer großen Pfanne knusprig anrösten und die Brötchen wieder herausnehmen.

2 Zwiebel und Knoblauch schälen und fein würfeln. Das Öl in der Pfanne erhitzen und Zwiebeln und Knoblauch darin bei großer Hitze ca. 2 Min. anschwitzen. Die Jackfruit in Streifen zupfen und dazugeben. Alles bei großer bis mittlerer Hitze ca. 5 Min. anbraten. Beide Paprikapulver darüberstäuben, unterrühren und alles weitere 2 Min. braten. Die BBQ-Sauce unterrühren und kurz erhitzen. Den Herd ausschalten und die Burgerfüllung ca. 5 Min. ziehen lassen. Mit Salz abschmecken.

3 Inzwischen die unteren Brötchenhälften mit je ½ TL Senf bestreichen. Die BBQ-Jackfruit darauf verteilen und je 2 EL Krautsalat darübergeben. Die oberen Brötchenhälften auflegen.

Für 4 Personen • 30 Min. Zubereitung • 25 Min. Backen • Pro Portion ca. 405 kcal, 9 g E, 14 g F, 61 g KH

RÖSTIBURGER

HERBST-REZEPT

3 EL Öl
500 g mehligkochende Kartoffeln
1 Möhre (ca. 100 g)
2 Zwiebeln
Salz, Pfeffer
4 Scheiben vegane Käsealternative
30 g Feldsalat
4 Laugenbrötchen
4 EL Ketchup
4 TL süßer Senf
130 g Sauerkraut (abgetropft; aus dem Glas)

MEHR DARAUS MACHEN
Übriger Feldsalat kann mit einem schnellen Dressing als Beilage zum Burger serviert werden. 3 EL Öl, 1 EL Essig, 1 EL Ahornsirup, 1 TL Senf, Salz und Pfeffer in ein Schraubglas geben und kräftig schütteln.

1 Den Ofen auf 200° vorheizen. Ein Backblech mit Backpapier auslegen und dünn mit 1 EL Öl einpinseln.

2 Kartoffeln, Möhre und Zwiebeln schälen. 1 Zwiebel in dünne Ringe schneiden, die übrige Zwiebel und das andere Gemüse mit einer Vierkantreibe fein in eine Schüssel reiben. Die Raspel mit 1 TL Salz und Pfeffer kräftig würzen.

3 Von der Mischung 2 gehäufte EL abnehmen. Mit den Händen kräftig die Feuchtigkeit herausdrücken. Die Mischung dann rundlich zusammendrücken, auf das Blech legen und zu einer runden Rösti flach drücken. Mit der übrigen Masse weitere 7 Rösti zubereiten und jede Rösti mit etwas Öl beträufeln.

4 Die Rösti im Ofen (Mitte) ca. 25 Min. knusprig backen, dabei nach 15 Min. wenden und die Zwiebelringe auf das Blech legen. Ca. 2 Min. vor Ende der Backzeit auf 4 Rösti 1 Scheibe Käse legen und schmelzen lassen.

5 Inzwischen den Feldsalat verlesen, waschen und trocken schleudern. Die Brötchen halbieren, die unteren Hälften mit je 1 EL Ketchup und die oberen Hälften mit je 1 TL Senf bestreichen. Feldsalat auf die unteren Hälften legen und das Sauerkraut darüber verteilen. Je 1 Käserösti und 1 Rösti ohne Käse darauflegen. Mit den oberen Brötchenhälften abdecken.

Für 4 Personen • 45 Min. Zubereitung • Pro Portion ca. 515 kcal, 13 g E, 18 g F, 75 g KH

KARTOFFEL-MAIS-BURGER

GÜNSTIG

600 g mehligkochende Kartoffeln
1 Glas Mais (230 g Abtropfgewicht)
2 Tomaten
4 Blätter Eichblattsalat
4 Hamburgerbrötchen
80 g Semmelbrösel
frisch geriebene Muskatnuss
Salz, Pfeffer
3 EL Öl
4 EL vegane Mayonnaise

1 Die Kartoffeln schälen und ca. 1 cm groß würfeln. In einem Topf mit Wasser zugedeckt bei mittlerer Hitze in ca. 12 Min. weich garen. Abgießen und mit dem Kartoffelstampfer fein stampfen.

2 Inzwischen den Mais in ein Sieb abgießen. Tomaten waschen und in Scheiben schneiden, Salat waschen und trocken schütteln. Brötchen halbieren und die Innenseiten in einer großen Pfanne kurz anrösten. 40 g Semmelbrösel auf einen flachen Teller geben, übrige Semmelbrösel (40 g) und 1 Prise Muskatnuss mit dem Kartoffelstampf vermischen und mit Salz und Pfeffer würzig abschmecken. Den Mais unterrühren. Mit angefeuchteten Händen 4 ca. 2,5 cm dicke Pattys (9 cm groß) formen und in den Semmelbröseln wenden.

3 Öl in einer Pfanne erhitzen, die Pattys bei mittlerer Hitze pro Seite ca. 3 Min. braten. Brötchenhälften mit Mayo bestreichen, die unteren mit Salat, Patty und Tomaten belegen, obere Hälften darauflegen.

Für 4 Personen • 15 Min. Zubereitung • Pro Portion ca. 555 kcal, 23 g E, 25 g F, 55 g KH

SCHNITZELBURGER

SCHNELL

3 EL Öl
4 panierte vegane Schnitzel auf Erbsenproteinbasis (ersatzweise Schnitzel auf Soja- und Weizeneiweißbasis)
1 gelbe Paprika
½ Gurke
2 Tomaten
4 Blätter Lollo Bionda
½ Bund Schnittlauch
4 Baguettebrötchen
4 geh. EL Kartoffelsalat in Essig-Öl (aus dem Glas)
4 EL vegane Remoulade

1 Das Öl in einer großen Pfanne erhitzen und die Schnitzel darin bei mittlerer bis großer Hitze pro Seite in ca. 4 Min. (oder nach Packungsanweisung) knusprig backen.

2 Inzwischen Paprika waschen, quer in ca. 5 mm breite Ringe schneiden, dabei Kerne und Trennwände entfernen. Gurke waschen und längs mit einem Sparschäler in Scheiben hobeln. Tomaten waschen und in dünne Scheiben schneiden, den Stielansatz entfernen. Salat waschen und trocken schleudern, Schnittlauch waschen, trocken schütteln und in feine Röllchen schneiden.

3 Die Brötchen halbieren und auf den unteren Brötchenhälften je 1 geh. EL Kartoffelsalat verteilen. Mit Salat und Tomatenscheiben belegen und das Schnitzel daraufsetzen. Mit Gurke und Paprika belegen und mit Schnittlauch bestreuen. Die oberen Brötchenhälfte mit je 1 EL Remoulade bestreichen und die Burger damit abdecken.

Für 4 Personen • 40 Min. Zubereitung • 1 Std. Marinieren • Pro Portion ca. 635 kcal, 20 g E, 33 g F, 63 g KH

KNUSPRIGER TOFUBURGER

GUT VORZUBEREITEN

2 Stücke Tofu natur (à 200 g)
1 Bio-Zitrone
40 g Kapern + 60 ml Sud
5 EL Öl
4 TL Nori-Flocken
Salz, Pfeffer
80 g Cornflakes
60 g Mehl
100 g vegane Remoulade
8 Blätter Eichblattsalat
4 Krustibrötchen

1 Die Tofusstücke längs halbieren und zwischen zwei mit Küchenpapier belegte Küchenbretter legen. Das obere Brett mit Büchern beschweren und den Tofu ca. 10 Min. pressen. Die Tofustücke nebeneinander in eine flache Dose legen.

2 Die Zitrone heiß waschen, abtrocknen und die Schale abreiben. Zitrone halbieren und die Hälften auspressen. 60 ml Saft, Kapernsud, 2 EL Öl, Noriflocken, Salz und Pfeffer verrühren und über den Tofu gießen, Tofu darin wenden. Die Dose luftdicht verschließen und den Tofu mind. 1 Std. im Kühlschrank marinieren lassen, dabei gelegentlich wenden.

3 Die Cornflakes in einem Gefrierbeutel fein zerbröseln und auf einen Teller geben. In einem tiefen Teller das Mehl mit ½ TL Salz mischen. Tofu auf einen Teller legen. 2 EL Marinade abnehmen und beiseitestellen, den Rest in der Dose lassen und bereitstellen. Restliches Öl (3 EL) in einer großen Pfanne erhitzen. Tofu im Mehl wenden, in die Marinade tauchen, in Cornflakes wenden und diese andrücken. In der Pfanne bei mittlerer Hitze ca. 3 Min. pro Seite backen. Herausnehmen und auf Küchenpapier abtropfen lassen.

4 Kapern grob hacken, mit Zitronenschale und übriger Marinade (2 EL) unter die Remoulade rühren. Salat waschen und trocken schütteln. Brötchen halbieren und die unteren Hälften mit Remoulade bestreichen. Mit Salat und Tofu belegen und mit den oberen Brötchenhälften abdecken.

GU CLOU

Zum Pressen des Tofus kann man auch eine Tofupresse verwenden. Durch das Pressen entweicht Flüssigkeit, so kann der Tofu mehr Marinade und damit mehr Geschmack aufnehmen.

Für 4 Personen • 25 Min. Zubereitung • Pro Portion ca. 350 kcal, 10 g E, 15 g F, 40 g KH

KRÄUTERSEITLING-BURGER

FÜR GÄSTE

350 g Kräuterseitlinge
1 kleiner Apfel (ca. 120 g)
2 ½ EL Zitronensaft
1 Bund Petersilie
4 Blätter Eisbergsalat
2 EL Öl
1 EL Ahornsirup
2 EL Sojasauce
Salz, Pfeffer
4 Brioche-Burgerbrötchen
4 EL vegane Mayonnaise

1 Die Kräuterseitlinge putzen, je nach Größe längs halbieren oder in 3–4 Scheiben schneiden. Apfel waschen, vierteln, entkernen und fein reiben. Die Raspel mit ½ EL Zitronensaft beträufeln. Petersilie waschen, trocken schütteln, die Blätter abzupfen und fein hacken. Salatblätter waschen und trocken schütteln.

2 Das Öl in einer großen Pfanne erhitzen und die Kräuterseitlinge darin bei großer Hitze rundherum ca. 6 Min. anbraten. Die Hitze reduzieren, den Ahornsirup darüberträufeln und alles mit Sojasauce und restlichem Zitronensaft (2 EL) ablöschen und eindicken lassen. Mit Salz und Pfeffer würzig abschmecken.

3 Die Brötchen auf dem Toaster toasten, halbieren und die unteren Hälften mit je 1 EL Mayonnaise bestreichen. Den Apfel darauf verteilen und je 1 Salatblatt darüberlegen. Die Pilze darauf stapeln, den Sud darübergeben und die oberen Brötchenhälften auflegen.

Für 4 Personen • 20 Min. Zubereitung • 8 Min. Backen • Pro Portion ca. 520 kcal, 29 g E, 21 g F, 49 g KH

TEMPEH-BURGER

INDONESISCH

2 Tomaten
½ Mango
80 g grüne Bohnen (aus dem Glas)
1 Bund Frühlingszwiebeln
400 g Tempeh
4 EL Kichererbsenmehl
6 EL Ketjap Manis
Salz, Pfeffer
2 EL Öl
4 Vollkornbrötchen
4 EL vegane Mayonnaise

1 Die Tomaten waschen und in Scheiben schneiden. Die Mango schälen und das Fruchtfleisch in dünnen Scheiben vom Kern schneiden. Die Bohnen in ein Sieb abgießen und abtropfen lassen.

2 Frühlingszwiebeln waschen, putzen und grob zerkleinern. Tempeh grob würfeln. Beides mit Kichererbsenmehl und Ketjap Manis im Hochleistungsmixer zu einer klebrigen Masse pürieren. Mit Salz und Pfeffer würzig abschmecken und mit angefeuchteten Händen 4 Pattys (ca. 9,5 cm groß) formen. Das Öl in einer Pfanne erhitzen und die Pattys darin bei mittlerer Hitze pro Seite ca. 4 Min. braten.

3 Inzwischen die Vollkornbrötchen halbieren und auf dem Toaster bräunen. Die unteren Hälften mit je 1 EL Mayo bestreichen und mit Tomatenscheiben belegen. Die Pattys daraufsetzen und mit Mangoscheiben belegen. Die Bohnen darüber verteilen und die Burger mit den oberen Brötchenhälften abdecken.

Für 4 Personen • 40 Min. Zubereitung • Pro Portion ca. 640 kcal, 14 g E, 26 g F, 83 g KH

ZWIEBELBURGER MIT MANGO

INDISCH

½ Mango
¼ Gurke
8 Blätter Römersalat
400 g kleine Zwiebeln
1 Bund Koriandergrün
200 g Mehl
1 TL edelsüßes Paprikapulver
Salz, Pfeffer
4 EL Öl
4 Brioche-Burgerbrötchen
8 EL vegane Curry-Grillsauce (aus dem Glas)

MEHR DARAUS MACHEN

Für noch mehr Frische und Schärfe den Pattyteig mit 1 EL frisch geriebenem Ingwer und 1 gepressten Knoblauchzehe würzen.

1 Die Mango schälen und in dünnen Scheiben vom Kern schneiden. Die Gurke waschen und in dünne Scheiben schneiden. Den Salat waschen und trocken schütteln.

2 Die Zwiebeln schälen, längs halbieren und in dünne Halbringe schneiden. Den Koriander waschen und trocken schütteln, die Blättchen abzupfen und grob hacken. Das Mehl in einer Schüssel mit drei Viertel des gehackten Korianders, Paprikapulver, 1 TL Salz und Pfeffer mischen. 350 ml kaltes Wasser dazugeben und alles mit einem Schneebesen zu einem glatten Teig verrühren. Die Zwiebeln dazugeben und untermischen.

3 Je 2 EL Öl in zwei großen Pfannen erhitzen. 3 EL Zwiebelteig übereinander in die Pfanne geben und leicht flach drücken, sodass ein Patty entsteht. Auf diese Weise 4 Pattys in jede Pfanne setzen und bei mittlerer Hitze ca. 6 Min. braten. Wenden und weitere 5–6 Min. braten. Aus der Pfanne nehmen und auf Küchenpapier abtropfen lassen.

4 Inzwischen die Brötchen auf dem Toaster auftoasten, halbieren und die unteren Hälften mit je 1 EL Currysauce bestreichen. Je 4 Gurkenscheiben und 2 Salatblätter darauflegen. Je 1 Zwiebelpatty daraufsetzen und mit je 1 EL Currysauce bestreichen. Je 1 weiteres Patty darauflegen. Mit Mangoscheiben belegen und mit dem restlichen gehackten Koriander bestreuen. Die oberen Brötchenhälften auflegen.

BURGER NEU GEDACHT

Für 4 Personen • 30 Min. Zubereitung • 20 Min. Backen • Pro Portion ca. 780 kcal, 31 g E, 34 g F, 87 g KH

PIZZABURGER

ITALIENISCH

1 kleine Zwiebel (ca. 100 g)
1 kleine gelbe Paprika (ca. 120 g)
150 g passierte Tomaten
2 TL getrockneter Oregano
Salz, Pfeffer
100 g vegane Reibekäse-Alternative
2 EL Öl
4 vegane Burgerpattys (z. B. auf Erbsenproteinbasis)
550 g XXL-Pizzateig (aus dem Kühlregal)
80 g Oliven (in Scheiben)
30 g Kapern

AUSSERDEM
Öl für die Schüssel

GUT ZU WISSEN
Für selbst gemachten Pizzateig 500 g Dinkelmehl (Type 630) mit 2 Päckchen Trockenhefe, 5 EL Öl und 300 ml Wasser glatt verkneten. Zugedeckt ca. 45 Min. gehen lassen.

1 Die Zwiebel schälen und in dünne Ringe schneiden. Die Paprika waschen, halbieren, weiße Trennwände und Kerne entfernen und die Hälften klein schneiden. Die passierten Tomaten mit Oregano, Salz und Pfeffer würzen. 2 EL Reibekäse beiseitelegen. Das Öl in einer großen Pfanne erhitzen und die Pattys darin pro Seite ca. 4 Min. braten.

2 Inzwischen den Ofen auf 200° vorheizen und ein Backblech mit Backpapier auslegen. Den Pizzateig ausrollen und in 8 gleich große Stücke schneiden. Aus 4 Teigstücken Kreise mit 10 cm Durchmesser ausschneiden.

3 Eine flache Schüssel mit 10 cm Durchmesser (am oberen Rand) dünn mit Öl einpinseln und vorsichtig mit einem Teigrechteck auslegen, sodass der Teig an den Seiten übersteht. Je ein Viertel der Paprikastücke und Zwiebelringe darauf verteilen und 1 EL passierte Tomaten darübergeben. 1 Patty daraufsetzen und mit je einem Viertel der Oliven und Kapern belegen. 1 EL passierte Tomaten daraufgeben, mit 3 EL Reibekäse bestreuen. Ein rundes Teigstück darauflegen und beide Teigstücke verbinden, um den Burger zu verschließen.

4 Den Burger vorsichtig wenden und auf das Blech gleiten lassen. 3 weitere Pizzaburger ebenso zubereiten. Die Burger mit dem übrigen Reibekäse bestreuen und im Ofen (Mitte) ca. 20 Min. backen. Herausnehmen und ca. 5 Min. ruhen lassen.

Für 4 Personen • 30 Min. Zubereitung • Pro Portion ca. 590 kcal, 23 g E, 28 g F, 59 g KH

WÜRZIGER BURGERSALAT

FÜRS BÜFETT

1 Eisbergsalat
4 Burgerbrötchen mit Sesam
2 EL Öl
400 g vegane Hackalternative auf Sojabasis (ersatzweise auf Erbsenproteinbasis)
1 TL rosenscharfes Paprikapulver
Salz, Pfeffer
2 rote Zwiebeln
200 g Gewürzgurken (aus dem Glas)
300 g Ketchup
6 EL vegane Mayonnaise
3 EL vegane Worcester-Sauce

GUT ZU WISSEN
Der Salat lässt sich gut vorbereiten und kann mehrere Stunden im Kühlschrank durchziehen. Damit das Ganze knusprig bleibt, die Brötchenstücke zum Abdecken erst vor dem Servieren darauflegen.

1 Die äußeren Blätter des Eisbergsalats entfernen, den Kopf halbieren, den Strunk herausschneiden und die Hälften in 3 cm große Stücke schneiden. Waschen und trocken schleudern.

2 Die Brötchen halbieren und die Innenseiten in einer großen Pfanne kurz anrösten. Herausnehmen, jede Hälfte vierteln und 14 Stücke von den oberen Hälften beiseitelegen. Das Öl in der Pfanne erhitzen und das vegane Hack darin bei mittlerer Hitze ca. 5 Min. (oder nach Packungsanweisung) anbraten. Mit dem Paprikapulver bestreuen und mit Salz und Pfeffer kräftig abschmecken.

3 Die Zwiebeln schälen, längs halbieren und in Scheiben schneiden. Gurken abtropfen lassen und längs in dünne Scheiben schneiden. Ketchup, Mayonnaise und Worcester-Sauce verrühren und mit Salz und Pfeffer abschmecken.

4 Den Boden einer großen Glasschüssel mit 6 Brötchenstücken auslegen. Je die Hälfte des Salates, der Sauce und des veganes Hacks darüberschichten und gleichmäßig verteilen. 12 Brötchenstücke darauflegen und übrigen Salat und Sauce gleichmäßig darüber verteilen. Gurkenscheiben darauflegen und restliches Hack darauf verteilen. Den Salat mit den beiseitegelegten Brötchenstücken abdecken. Oder je ein Viertel der Zutaten in 4 Portionsgläser schichten.

Für 4 Personen • 40 Min. Zubereitung • Pro Portion ca. 335 kcal, 5 g E, 19 g F, 38 g KH

SUSHI-BURGER

FÜR GÄSTE

150 g Sushi-Reis
1 EL heller Sesam
1 EL dunkler Sesam (ersatzweise ungeschälter heller)
1 EL Reisessig (ersatzweise Aceto balsamico bianco)
Salz
1 kleine Möhre
¼ Gurke
½ Mango
80 g Rotkohl
120 g vegane Mayonnaise
1 TL Wasabi

1 Den Reis in einem Sieb abspülen, in einem Topf mit 300 ml Wasser aufkochen und bei kleiner Hitze ca. 10 Min. zugedeckt köcheln lassen. Vom Herd nehmen und 10 Min. quellen lassen. Beide Sorten Sesam, Essig und 1 TL Salz unterrühren und ca. 5 Min. ruhen lassen. Inzwischen die Möhre putzen, schälen, in ca. 5 cm lange Stücke schneiden und längs mit einem Sparschäler in dünne Scheiben schneiden. Gurke waschen und in dünne Scheiben schneiden. Die Mangohälfte schälen und das Fruchtfleisch in dünne Spalten schneiden. Den Rotkohl waschen und in sehr feine Streifen schneiden.

2 Den Reis in 8 Portionen teilen. 4 Portionen mit angefeuchteten Händen zu ca. 7 cm großen Kreisen formen. Die übrigen Portionen in der gewölbten Handfläche zu gewölbten Kreisen formen. Mayonnaise und Wasabi mischen und alle Reiskreise innen damit bestreichen. Die flachen Kreise mit Gurken- und Möhrenscheiben, Mangospalten und Rotkohl belegen. Mit den gewölbten Kreisen abdecken.

Für 4 Personen • 30 Min. Zubereitung • Pro Portion ca. 510 kcal, 15 g E, 26 g F, 44 g KH

FALAFEL-BURGER

ORIENTALISCH

1 Pck. Falafel-Fertigmischung (160 g)
3 EL Öl
40 g Baby-Blattspinat
1 kleine Möhre
1 Tomate
1 Avocado
200 g Rote-Bete-Scheiben (in Essig)
4 Vollkorn-Pita-Brote
2 Knoblauchzehen
200 g vegane Joghurtalternative aus Soja
Salz, Pfeffer
4 geh. EL Hummus (aus dem Glas)

1 Die Falafelmischung nach Packungsanweisung mit heißem Wasser anrühren und quellen lassen. 4 Pattys daraus formen. Das Öl in einer großen Pfanne erhitzen und die Pattys bei mittlerer Hitze pro Seite ca. 6 Min. goldbraun braten. Spinat verlesen, waschen und trocken schleudern. Möhre putzen, schälen und mit dem Sparschäler in dünne Streifen schneiden. Tomate waschen und in Scheiben schneiden. Avocado halbieren, entkernen und schälen, das Fruchtfleisch in dünne Scheiben schneiden. Die Rote Bete abgießen.

2 Die Pita-Brote im Toaster aufbacken und aufschneiden. Den Knoblauch schälen und fein würfeln. Joghurt mit Knoblauch, Salz und Pfeffer glatt rühren. Die unteren Pita-Hälften mit je 1 geh. EL Hummus bestreichen. Rote Bete, Spinat und Möhren daraufstapeln. 1 EL Joghurt daraufstreichen und das Patty darauflegen. Die Avocadoscheiben darauf verteilen und den übrigen Joghurt darübergeben. Die oberen Pita-Hälften auflegen.

Für 4 Personen • 35 Min. Zubereitung • Pro Portion ca. 525 kcal, 10 g E, 26 g F, 62 g KH

GLASNUDELBURGER

ASIATISCH

200 g Tofu natur
200 g Glasnudeln
Salz
6 EL Öl
30 g Maisstärke
2 EL heller Sesam
100 g Thai-Chilisauce (ersatzweise süßsaure Sauce)
40 g geröstete, gesalzene Erdnüsse
6 Stängel Koriandergrün
4 Blätter Pak Choi
1 Glas China-Gemüse (175 g Abtropfgewicht)

GU **CLOU**

Für eine besondere Präsentation kann man die Glasnudelburger in Pak-Choi-Blätter einwickeln. Dafür 4 große Blätter kurz in Salzwasser blanchieren, abgießen und abschrecken. Die Burger – ohne Pak Choi in der Füllung – fest darin einrollen.

1 Den Ofen auf 100° vorheizen und ein Backblech mit Backpapier auslegen. Den Tofu zwischen Küchenpapier und zwei flache Teller legen, beschweren und ca. 10 Min. pressen. Die Glasnudeln und 1 TL Salz mit kochendem Wasser übergießen, mit einer Gabel auflockern und ca. 5 Min. zugedeckt ziehen lassen. In ein Sieb abgießen und abtropfen lassen.

2 Je 2 EL Öl in zwei großen Pfannen erhitzen. Die Glasnudeln mit einer Schere in 8 gleich große Teile schneiden, je 4 Portionen in jede Pfanne geben und zu ca. 10 cm großen Kreisen formen. Die Glasnudelkreise bei mittlerer Hitze pro Seite 6–7 Min. braten. Auf das Backblech legen und im Ofen warm halten.

3 Tofu quer und längs halbieren. Stärke und ½ TL Salz auf einem Teller mischen und den Tofu darin mit leichtem Druck wenden. Restliches Öl (2 EL) in einer Pfanne erhitzen und den Tofu darin bei mittlerer Hitze pro Seite in ca. 6 Min. knusprig braten. Sesam dazugeben, mit der Thai-Chilisauce ablöschen. Tofu wenden und die Sauce bei kleiner Hitze einkochen lassen.

4 Die Erdnüsse grob hacken. Koriander waschen, trocken schütteln und die Blätter abzupfen. Pak Choi waschen, putzen und in 1 cm breite Streifen schneiden. Das China-Gemüse in ein Sieb abgießen und abtropfen lassen. 4 Glasnudelkreise mit Pak Choi belegen, Tofu, China-Gemüse und Erdnüsse daraufgeben und mit Koriander garnieren. Die übrigen Glasnudelkreise darauflegen. Die Burger mit Besteck essen.

Für 4 Personen • 15 Min. Zubereitung • Pro Portion ca. 310 kcal, 15 g E, 16 g F, 27 g KH

RÜHRTOFU-BURGER

ZUM BRUNCH

1 Zwiebel
2 Tomaten
½ Bund Schnittlauch
2 EL Olivenöl
300 g Tofu natur
1 TL gemahlene Kurkuma
80 ml Sojacreme
¾ TL Kala Namak (Schwarzsalz; Feinkostgeschäft)
4 Blätter Kopfsalat
4 Mehrkorn-Toasties (aus dem Brotregal)

1 Die Zwiebel schälen und fein würfeln. Die Tomaten waschen und in Scheiben schneiden, den Stielansatz entfernen. Den Schnittlauch waschen, trocken schütteln und in feine Röllchen schneiden.

2 Das Öl in einer Pfanne erhitzen und die Zwiebel darin bei mittlerer Hitze ca. 2 Min. anschwitzen. Den Tofu mit den Händen fest ausdrücken, anschließend fein in die Pfanne bröseln und ca. 5 Min. anbraten. Kurkuma darüberstäuben, alles mit Sojacreme ablöschen, verrühren und ca. 5 Min. ziehen lassen. Die Hälfte des Schnittlauchs unterrühren und die Mischung mit Kala Namak würzen.

3 Den Salat waschen und trocken schütteln. Die Toasties im Toaster aufbacken und halbieren. Den Salat auf die unteren Hälften legen. Den Rührtofu darauf verteilen, mit Tomatenscheiben belegen und mit den restlichen Schnittlauchröllchen bestreuen. Das Ganze mit den oberen Brötchenhälften abdecken.

Für 4 Personen • 25 Min. Zubereitung • 18 Min. Backen • 1 Std. Marinieren • Pro Portion ca. 370 kcal, 23 g E, 21 g F, 20 g KH

PORTOBELLO-BURGER

LOW CARB

8 Portobello-Pilze
5 EL Sriracha-Sauce
5 EL Öl
2 EL Zitronensaft
Salz
1 Pck. Sonnenblumenhack (Trockenprodukt; 76 g)
2 EL Ei-Ersatz (Pulver)
50 g Semmelbrösel
80 g vegane Kräuterfrischkäse-Alternative
1 rote Paprika
4 Blätter Eisbergsalat

1 Die Pilze feucht abreiben, die Stiele abschneiden und fein hacken. 3 EL Sriracha-Sauce, 4 EL Öl und Zitronensaft mischen, mit Salz abschmecken. Pilze, Stiele und Marinade in eine Dose geben, verschließen, schütteln und im Kühlschrank ca. 1 Std. ziehen lassen.

2 Zwei Backbleche mit Backpapier auslegen. Ofen auf 180° (Umluft) vorheizen. Hack mit übriger Sriracha-Sauce (2 EL), Ei-Ersatz, Semmelbröseln und 150 ml Wasser mischen. Ca. 5 Min. ruhen lassen. Durchkneten und 4 flache, feste, ca. 9 cm große Pattys formen. Auf ein Blech legen und mit restlichem Öl (1 EL) einpinseln. Pilze (ohne Stiele) und Marinade auf das zweite Blech geben. Alles im Ofen ca. 18 Min. backen, nach 10 Min. wenden. Stiele mit Frischkäse mischen. Paprika waschen, quer in Ringe schneiden, Kerne und Trennwände entfernen. Salat waschen, trocken schütteln und in Stücke zupfen. 4 Pilze mit Frischkäse füllen, Salat, Pattys und Paprikaringe daraufstapeln. Übrige Pilze auflegen, den Burger mit Besteck essen.

Für 4 Personen • 45 Min. Zubereitung • 25 Min. Backen • Pro Portion ca. 320 kcal, 10 g E, 13 g F, 39 g KH

BREZENKNÖDEL-BURGER

BAYERISCH

4 vegane Laugenbrezen (ca. 300 g)
1 EL geschrotete Leinsamen
2 kleine Zwiebeln
500 g Sellerie
250 g braune Champignons
4 EL Olivenöl
Salz, Pfeffer
1 TL rosenscharfes Paprikapulver
4 Blätter Lolo Rosso
8 TL Ajvar (aus dem Glas)

NACHHALTIGKEITS-TIPP

Dieser Burger eignet sich, um trockene Brezen- oder auch Brötchenreste vom Vortag zu nutzen. Reste am besten immer gleich in Stücke schneiden und im Tiefkühlfach sammeln.

1 Die Brezen in 1,5 cm große Würfel schneiden, in einer Schüssel mit 200 ml kochendem Wasser übergießen und ca. 10 Min. einweichen. Die Leinsamen unterrühren und die Mischung ca. 5 Min. ziehen lassen. Den Backofen auf 180° (Umluft) vorheizen und zwei Backbleche mit Backpapier auslegen.

2 Zwiebeln schälen und fein würfeln. Sellerie schälen und aus der Mitte 4 große ca. 1,5 cm dicke Scheiben schneiden. Die Scheiben quer und längs alle 2 cm ca. 5 mm tief einschneiden und auf ein Blech legen. Pilze putzen, in 5 mm dicke Scheiben schneiden und mit 1 EL Öl sowie der Hälfte der Zwiebeln mischen. Mit Salz und Pfeffer würzen und auf das Blech geben. Übriges Öl (3 EL) mit 1 TL Salz und Paprikapulver verrühren.

3 Die übrigen Zwiebeln zum Teig geben und alles durchkneten. Kräftig salzen und pfeffern. Mit angefeuchteten Händen aus je 2 geh. EL Knödelteig acht Kugeln formen, auf das zweite Blech legen und zu ca. 8,5 cm großen Scheiben formen.

4 Beide Bleche in den Ofen schieben und alles ca. 25 Min. backen. Nach 10 Min. den Sellerie auf beiden Seiten mit Paprika-Öl einpinseln und die Pilze wenden. Nach weiteren 8 Min. Sellerie und Brezenscheiben wenden.

5 Die Bleche aus dem Ofen nehmen, 4 Brezenscheiben mit je 2 TL Ajvar bestreichen, mit Salat und Sellerie belegen. Die Champignon-Zwiebel-Mischung mitsamt der Bratflüssigkeit darübergeben und mit den übrigen Brezenscheiben abdecken.

Für 4 Personen • 50 Min. Zubereitung • 30 Min. Backen • 15 Min. Quellen •
Pro Portion ca. 1 190 kcal, 31 g E, 63 g F, 119 g KH

BURGER-BOWL

EINFACH

- *1 Pck. Gemüseburger-Trockenmischung (160 g)*
- *800 g TK-Curly Fries (ersatzweise Pommes)*
- *½ Kopf Kopfsalat*
- *1 Bund Radieschen*
- *250 g Kirschtomaten (bunt)*
- *1 reife Avocado*
- *150 ml vegane Burgersauce (aus dem Glas)*
- *100 g vegane Reibekäse-Alternative*
- *60 g Röstzwiebeln*
- *2 EL heller Sesam*

1 Zwei Backbleche mit Backpapier auslegen. Die Burgermischung nach Packungsanweisung in heißem Wasser ca. 15 Min. quellen lassen. Den Ofen auf 180° (Umluft) vorheizen. Aus der Mischung mit angefeuchteten Händen 8 Pattys formen und auf ein Blech legen. Die Curly Fries auf dem zweiten Blech verteilen. Beide Bleche in den Ofen schieben. Die Curly Fries in ca. 25 Min goldbraun backen. Die Pattys in ca. 20 Min. knusprig backen, dabei nach 15 Min. wenden.

2 Inzwischen Salat waschen, trocken schütteln und die Blätter grob zupfen. Radieschen waschen, putzen und in feine Scheiben schneiden. Tomaten waschen und halbieren. Avocado halbieren, entkernen, Fruchtfleisch in der Schale würfeln und vorsichtig mit einem Löffel herauslösen. Curly Fries, Salat, Radieschen, Avocado und Tomaten in vier großen Schüsseln dekorativ verteilen. Die Burgersauce darübergeben und je 2 Pattys in jeder Bowl anrichten. Mit Reibekäse, Röstzwiebeln und Sesam bestreuen.

Für 20 Stück • 1 Std. Zubereitung • 22 Min. Backen • Pro Stück ca. 115 kcal, 6 g E, 6 g F, 10 g KH

MINI-BURGERSPIESSE

FÜRS BÜFETT

1 Pck. Brötchenfrischteig (400 g; aus dem Kühlregal)
½ Stange Lauch
500 g rohe vegane Hackalternative (aus dem Kühlregal)
¼ TL geräuchertes Paprikapulver, Salz
2 EL Öl
2 Blätter Eisbergsalat
10 Kirschtomaten
90 g Cajun-Grillsauce (Glas)
40 g Jalapeño-Chiliringe (Glas)

AUSSERDEM
Servierring (5,5 cm ∅)
20 Holzspieße

1 Den Ofen auf 200° vorheizen und zwei Backbleche mit Backpapier auslegen. Den Teig in Stücke teilen und leicht ausrollen. Mit dem Servierring 20 Kreise ausstechen und mit Abstand auf ein Blech legen. Im Ofen (Mitte) ca. 10 Min. backen, herausnehmen und abkühlen lassen. Inzwischen Lauch putzen, waschen, längs vierteln und in feine Streifen schneiden. Mit Hack und Paprikapulver verkneten und mit Salz würzen. Esslöffelgroße Portionen abnehmen, zu 20 Pattys formen, auf das zweite Blech legen und auf beiden Seiten dünn mit Öl einpinseln. Im Ofen (Mitte) ca. 12 Min. backen.

2 Inzwischen Salat waschen, trocken schütteln und in Stücke zupfen. Tomaten waschen und quer halbieren. Auf jeden Holzspieß 1 Tomatenhälfte stecken. Die Mini-Brötchen quer halbieren und die Hälften mit je ½ TL Cajun-Grillsauce bestreichen. Untere Brötchenhälften mit Salat, Patty und Jalapeños belegen. Mit oberen Brötchenhälften abdecken und mit Tomatenspießen fixieren.

Für 4 Personen • 30 Min. Zubereitung • 17 Min. Backen • 1 Std. 20 Min. Kühlen • Pro Portion ca. 325 kcal, 6 g E, 13 g F, 44 g KH

PUDDINGBURGER MIT ERDBEEREN

SOMMER-REZEPT

1 Pck. Vanillepuddingpulver
50 g Zucker
200 ml Sojadrink
110 g Mehl
1 TL Backpulver
150 g kohlensäurehaltiges Mineralwasser
30 g Öl
1 EL Kakaopulver
150 g Erdbeeren
100 g vegane aufschlagbare Pflanzencreme
Puderzucker zum Bestreuen (nach Belieben)

AUSSERDEM
4er-Silikon-Cupcake- oder Muffinform (ersatzweise Muffinblech)
4 Holzspieße

TAUSCH-TIPP
Außerhalb der Erdbeersaison passen Pflaumen, Bananen oder Trauben. Mit Schokopudding und Gewürzen wie Zimt und Kardamom wird's winterlich.

1 Die Hälfte des Puddingpulvers mit 1 EL Zucker und 50 ml Sojadrink glatt rühren. Den übrigen Drink (150 ml) in einem kleinen Topf zum Kochen bringen und das angerührte Puddingpulver einrühren. Aufkochen lassen und vom Herd nehmen. In eine Schüssel umfüllen, ca. 20 Min. abkühlen lassen und dann zugedeckt ca. 1 Std. in den Kühlschrank stellen.

2 Inzwischen den Ofen auf 160° vorheizen. Die Silikonform mit kaltem Wasser ausspülen. Restlichen Zucker (40 g), übriges Puddingpulver, Mehl und Backpulver in einer Schüssel mischen. Mineralwasser und Öl dazugeben und alles mit einem Schneebesen zügig zu einem klümpchenfreien Teig verrühren.

3 Die Hälfte des Teiges in zwei Mulden füllen. Den Kakao zum restlichen Teig geben und unterrühren, den dunklen Teig in zwei weitere Mulden füllen. Den Teig im Ofen (Mitte) ca. 17 Min. backen. Die Muffins herausnehmen und auf einem Kuchengitter auskühlen lassen. Anschließend quer halbieren.

4 Inzwischen die Erdbeeren waschen, putzen und vom Ansatz befreien. 2 Erdbeeren halbieren, den Rest in dünne Scheiben schneiden. Die Sahne aufschlagen. Den Pudding einmal durchrühren, die geschlagene Sahne unterheben und die Creme auf 2 hellen und 2 dunklen Muffinunterteilen verteilen. Die Erdbeerscheiben daraufschichten und mit den jeweils andersfarbigen Muffinoberteilen abdecken. Die Puddingburger mit den Erdbeerhälften garnieren, mit Holzspießen fixieren und nach Belieben mit Puderzucker bestreuen.

Für 4 Personen • 20 Min. Zubereitung • 5 Min. Backen • 15 Min. Kühlen • Pro Portion ca. 690 kcal, 12 g E, 34 g F, 79 g KH

MÜSLIBURGER

ZUM FRÜHSTÜCK

70 g getrocknete Aprikosen
270 g Nussmüslimischung
1 EL Chia-Samen
1 ½ TL Zimtpulver
Salz
70 g braunes Mandelmus
100 g Reissirup
120 g vegane Joghurtalternative aus Kokos
1 großer Apfel
1 Orange
2 EL vegane Zartbitter-Schokotropfen

AUSSERDEM
Servierring (9 cm ∅)

1 Ofen auf 200° vorheizen und ein Backblech mit Backpapier auslegen. Aprikosen grob hacken, mit 250 g Müslimischung, Chia-Samen, Zimt, 1 Prise Salz, 50 g Mandelmus und Reissirup im Hochleistungsmixer zu einer feinen, klebrigen Masse mixen. Den Servierring auf das Blech setzen, 2 EL Masse einfüllen, andrücken und den Ring entfernen. Auf diese Weise 8 Müslikreise formen. Im Ofen (Mitte) ca. 5 Min. backen, auf ein Kuchengitter ziehen und auskühlen lassen.

2 Joghurt glatt rühren. Apfel schälen, das Kerngehäuse mit dem Apfelentkerner entfernen und aus der Mitte 4 Scheiben (1 cm dick) schneiden. Orange mit einem Messer so schälen, dass die weiße Haut entfernt wird. Aus der Mitte 4 Scheiben (1 cm dick) schneiden. Müslikreise mit je 1 EL Joghurt bestreichen. Auf 4 Müslikreise je 1 Apfel- und 1 Orangescheibe legen, mit dem übrigen Mandelmus (20 g) beträufeln. Mit Schokotropfen und der übrigen Müslimischung (20 g) bestreuen und mit den übrigen Müslikreisen belegen.

Für 4 Personen • 30 Min. Zubereitung • Pro Portion ca. 690 kcal, 10 g E, 45 g F, 62 g KH

WAFFELBURGER MIT KARAMELL

FÜR GÄSTE

100 g Rohrohrzucker
50 g vegane Margarine
50 ml Hafercreme
1 TL Meersalzflocken
1 Rolle veganer Blätterteig (aus dem Kühlregal)
2 Bananen
1 Avocado
4 TL vegane Zartbitter-Schokotropfen
4 EL Erdnussmus (crunchy)

AUSSERDEM
Herzwaffeleisen
Servierring (9 cm ∅)

1 Zucker und Margarine in einem kleinen Topf bei großer Hitze unter ständigem Rühren schmelzen. Die Hafercreme dazugeben, unter Rühren aufkochen und bei kleiner Hitze ca. 3 Min. köcheln lassen. Die Salzflocken unterrühren, die Sauce in ein sauberes Schraubglas umfüllen und andicken lassen.

2 Das Waffeleisen vorheizen. Den Ofen auf 100° vorheizen und ein Backblech mit Backpapier auslegen. Blätterteig auseinanderrollen und mit dem Servierring 8 Kreise ausstechen. Diese nacheinander mittig im Waffeleisen hellbraun backen und im Ofen warm halten. Bananen schälen, halbieren und längs in 5 mm dicke Scheiben schneiden. Avocado halbieren, entkernen, schälen und das Fruchtfleisch in Scheiben schneiden. Die Schokotropfen hacken. 4 Waffelkreise mit je 1 EL Erdnussmus bestreichen, mit Bananen und Avocadoscheiben belegen und mit Schokotropfen bestreuen. 1 EL Sauce darübergeben und die übrigen Waffelkreise darauflegen.

BRÖTCHEN, BEILAGEN & SAUCEN

Für 4 Stück • 15 Min. Zubereitung • 40 Min. Gehen • 13 Min. Backen • Pro Stück ca. 360 kcal, 14 g E, 9 g F, 57 g KH

BURGERBRÖTCHEN

GRUNDREZEPT

30 g vegane Margarine
190 ml Haferdrink
½ Würfel frische Hefe (21 g)
1 TL Zucker
½ TL Salz
300 g Dinkelmehl (Type 630)
1 EL Sesam zum Bestreuen (hell und dunkel)

AUSSERDEM
Mehl für die Arbeitsfläche

GU **CLOU**

Dieses Grundrezept lässt sich gut variieren: Warum nicht einmal farbige Brötchen machen als besonderen Hingucker? Dafür 75 ml Haferdrink durch Tomaten- oder Möhrensaft ersetzen. Für noch mehr Biss 50 g Kerne und Saaten nach Geschmack unter den Teig rühren.

1 Die Margarine in 1 cm große Würfel schneiden und mit 175 ml Haferdrink in einem kleinen Topf handwarm erwärmen. Die Hefe dazubröckeln, Zucker und Salz hinzufügen und alles unter Rühren im Haferdrink auflösen.

2 Das Mehl in eine Schüssel geben und eine Mulde formen. Die Haferdrink-Hefe-Mischung in die Mulde gießen und etwas Mehl vom Rand drüberstreuen. Den Vorteig zugedeckt ca. 5 Min. gehen lassen.

3 Alles in ca. 5 Min. zu einem glatten, klebrigen Teig verkneten. Den Teig auf der bemehlten Arbeitsfläche nochmals durchkneten und zu einer Kugel formen. Die Kugel mit einer Teigkarte vierteln und die Teigportionen auf die Arbeitsfläche legen. Die gewölbte Hand über 1 Teigportion legen und mit kreisenden Bewegungen und sanftem Druck ein rundes Brötchen formen. 3 weitere Brötchen ebenso formen.

4 Ein Backblech mit Backpapier auslegen und die Brötchen mit Abstand auf das Blech setzen. Mit einem sauberen Geschirrtuch abdecken und an einem warmen Ort ca. 40 Min. gehen lassen, bis sich das Volumen etwa verdoppelt hat. Den Ofen 10 Min. vor Ende der Gehzeit auf 200° vorheizen.

5 Die Brötchen dünn mit dem restlichen Haferdrink (1 EL) einpinseln und mit dem Sesam bestreuen. Die Brötchen im Ofen (Mitte) in ca. 13 Min. goldbraun backen. Ohne das Backpapier auf ein Kuchengitter setzen und abkühlen lassen.

Für 4 Stück • 15 Min. Zubereitung • 1 Std. 15 Min. Gehen • Pro Stück ca. 465 kcal, 16 g E, 20 g F, 51 g KH

VOLLKORN-BURGERBRÖTCHEN

VOLLWERT-REZEPT

200 g Vollkorn-Dinkelmehl
50 g Dinkelmehl (Type 630)
50 g Haferflocken
50 g gemahlene Körner und Saaten (z. B. Kürbiskerne, Sonnenblumenkerne und Sesam)
1 Pck. Trockenhefe
½ TL Salz
100 g vegane Joghurtalternative aus Soja
40 g Öl
2 TL Kürbiskerne zum Bestreuen
2 TL Haferflocken zum Bestreuen

1 Beide Mehle in einer großen Schüssel mit Haferflocken, Körnern und Saaten, Trockenhefe und Salz vermischen. Joghurt, 120 ml warmes Wasser und das Öl dazugeben. Alles mit den Knethaken des Handrührgeräts in ca. 5 Min. zu einem homogenen, klebrigen Teig kneten. Die Schüssel mit einem Geschirrtuch abdecken und den Teig an einem warmen Ort ca. 1 Std. gehen lassen.

2 Ein Backblech mit Backpapier auslegen. Den Teig mithilfe einer Teigkarte in vier Portionen teilen und diese mit angefeuchteten Händen zu Kugeln formen. Mit Abstand auf das Blech legen und etwas flach drücken, sodass die Brötchen ca. 9 cm Durchmesser haben. Mit Kürbiskernen und Haferflocken bestreuen und mit dem Tuch abgedeckt ca. 15 Min. gehen lassen. Den Ofen auf 200° vorheizen.

3 Die Brötchen im Ofen (Mitte) in ca. 18 Min. goldbraun backen. Herausnehmen und auf einem Kuchengitter abkühlen lassen.

Für 4 Portionen • 20 Min. Zubereitung • 30 Min. Backen • Pro Portion ca. 390 kcal, 9 g E, 21 g F, 45 g KH

GEMÜSE-KNUSPER-POMMES

FÜR KINDER

500 g mehligkochende Kartoffeln
300 g Süßkartoffeln
300 g Kohlrabi
5 EL Olivenöl
3 TL mildes Currypulver
Salz, Pfeffer
30 g Cornflakes
1 EL Polenta (Maisgrieß)
200 g vegane Quarkalternative aus Soja
100 g vegane Frischkäsealternative
1 Knoblauchzehe

1 Den Ofen auf 190° (Umluft) vorheizen und ein Backblech mit Backpapier auslegen. Gemüse putzen, waschen, schälen und in ca. 4 cm lange und 1 cm dicke Stifte schneiden. In einer großen Schüssel mit 4 EL Öl, Currypulver, 1 TL Salz und Pfeffer mischen.

2 Die Cornflakes in einen Gefrierbeutel geben und fein zerbröseln. Mit der Polenta zu den Gemüsestiften geben und alles gut vermischen. Ggf. die Panade leicht an die Stifte andrücken. Die panierten Gemüsestifte auf dem Blech verteilen und im Ofen (Mitte) 25–30 Min. backen. Dabei gelegentlich die Ofentür öffnen, damit der heiße Dampf entweichen kann.

3 Inzwischen für den Dip den Sojaquark mit dem Frischkäse und dem restlichen Öl (1 EL) glatt rühren. Den Knoblauch schälen, dazupressen und unterrühren. Den Dip mit Salz und Pfeffer abschmecken und zu den Pommes servieren.

Für 4 Personen • 40 Min. Zubereitung • 25 Min. Backen • Pro Portion ca. 445 kcal, 20 g E, 2 g F, 88 g KH

BLUMENKOHL-WINGS

BALLASTSTOFFREICH

1 kleiner Blumenkohl (ca. 1 kg)
1 Bio-Zitrone
300 ml Haferdrink (ersatzweise Wasser)
5 TL Teriyaki-Sauce
200 g Mehl
1 TL Salz
150 g Semmelbrösel
1 TL edelsüßes Paprikapulver
¼ TL geräuchertes Paprikapulver
Pfeffer
175 ml vegane BBQ-Sauce (selbst gemacht oder gekauft)

NACHHALTIGKEITS-TIPP
Auch die zarten Blätter des Blumenkohls lassen sich verwenden und so vor dem Biomüll retten. Sie können ebenfalls paniert und im Ofen 13–15 Min. gebacken werden.

1 Den Ofen auf 175° (Umluft) vorheizen und ein Backblech mit Backpapier auslegen. Den Blumenkohl waschen, die äußeren Blätter und das trockene Stielende entfernen und den Blumenkohl in ca. 3 cm große Röschen schneiden. Übrige Stücke vom Stiel klein schneiden.

2 Die Zitrone heiß waschen, abtrocknen und die Schale abreiben. Zitrone halbieren und die Hälften auspressen. In einer Schüssel mit gut schließendem Deckel den Haferdrink mit Zitronenschale, 1 EL Zitronensaft, Teriyaki-Sauce, Mehl und Salz mit einem Schneebesen zu einer homogenen, zähen Masse verrühren. Die Semmelbrösel in einer großen Schüssel mit beiden Paprikapulvern und Pfeffer vermischen.

3 Den Blumenkohl in die Mehlmischung geben, den Deckel auflegen und die Schüssel gründlich schütteln, damit die Mischung überall hingelangt und rundherum an den Röschen haften bleibt. Dann die Röschen portionsweise in den Semmelbröseln wenden und auf das Blech legen. Alle Röschen und die Stücke vom Stiel ebenso panieren und auf das Blech legen.

4 Die Blumenkohl-Wings im Ofen ca. 12 Min. backen. Herausnehmen und in einer großen Schüssel mithilfe eines großen Löffels vorsichtig mit der BBQ-Sauce vermischen. In weiteren 13 Min. knusprig backen, evtl. mehrmals wenden, damit sie gleichmäßig knusprig werden. Die Wings als Beilage zum Burger oder mit einem Salat als leichte Hauptspeise servieren.

Für 4 Personen • 15 Min. Zubereitung • 2 Std. Kühlen • Pro Portion ca. 210 kcal, 3 g E, 17 g F, 10 g KH

BUNTER KRAUTSALAT

GUT VORZUBEREITEN

½ Weißkohl (ca. 500 g)
¼ Rotkohl (ca. 200 g)
1 kleine Möhre (ca. 100 g)
Salz
100 g vegane Mayonnaise
50 g vegane Crème-fraîche-Alternative (z. B. Crème vega)
1 TL Cashewmus
2 TL Dijon-Senf
1 EL Apfelessig
1 TL Zucker
Pfeffer

1 Vom Weiß- und Rotkohl die äußeren Blätter entfernen, Kohl waschen, den Strunk keilförmig entfernen und beide Kohlsorten in sehr feine Streifen schneiden (oder mit dem Küchenhobel hobeln). Die Möhre waschen, putzen, quer vierteln und in feine Streifen schneiden. Alles in eine große Schüssel mit Deckel geben und mit 1 EL Salz bestreuen. 1 Min. kräftig mit den Händen durchkneten und die entstandene Flüssigkeit abgießen.

2 Mayonnaise, Crème-fraîche, Cashewmus, Senf, Essig und Zucker in ein Schraubglas geben, mit dem Deckel verschließen und kräftig durchschütteln. Das Dressing mit Salz und Pfeffer würzig abschmecken und über den Salat gießen.

3 Den Salat durchmischen und den Deckel auflegen. Den Salat mind. 2 Std. (oder über Nacht) im Kühlschrank ziehen lassen. Er bleibt gekühlt mind. 3 Tage lang frisch.

Für 4 Personen • 12 Min. Zubereitung • 25 Min. Backen • Pro Portion ca. 155 kcal, 6 g E, 12 g F, 4 g KH

GRÜNKOHLCHIPS MIT DIP

WINTER-REZEPT

400 g Grünkohl
1 EL Tahin (Sesampaste)
3 EL Olivenöl
1 TL Salz
Pfeffer
½ TL mildes Currypulver
½ TL edelsüßes Paprikapulver
1 Bio-Zitrone
200 g vegane Joghurtalternative aus Soja
1 EL Tomatenmark

1 Den Backofen auf 160° (Umluft) vorheizen und zwei Backbleche mit Backpapier auslegen. Den Grünkohl gut waschen und trocken schütteln, die Blätter von den Blattrippen schneiden und in 3–4 cm große Stücke zupfen.

2 Tahin, Öl, Salz und Pfeffer vermischen und auf zwei Schüsseln verteilen. Eine Portion mit Currypulver, die andere mit Paprikapulver würzen. Je die Hälfte des Grünkohls dazugeben und mit den Händen einige Min. kneten. Auf den Blechen verteilen und im Ofen in ca. 25 Min. knusprig backen. Alle 5 Min. die Tür öffnen, damit Dampf entweicht. Die Chips sollen nicht braun werden.

3 Inzwischen für den Dip die Zitrone heiß waschen, abtrocknen und die Schale abreiben. Die Zitrone auspressen. Joghurt mit Zitronenschale, 1 EL Zitronensaft und Tomatenmark glatt rühren. Mit Salz und Pfeffer abschmecken. Die Grünkohl-Chips mit dem Dip servieren.

Für 2 Gläser (à 250 ml) • 5 Min. Zubereitung • 25 Min. Kochen • Pro Portion (20 ml) ca. 17 kcal, 0 g E, 0 g F, 3 g KH

BBQ-SAUCE

GRUNDREZEPT

300 g passierte Tomaten • 150 g Tomaten-Paprika-Mark (ersatzweise Tomatenmark) • 2 EL Aceto balsamico • 2 EL Apfelessig • 3 EL Sojasauce • 50 g Rohrohrzucker • 1 TL Knoblauchpulver • 1 TL geräuchertes Paprikapulver • 1 TL edelsüßes Paprikapulver • 15 Tropfen Flüssigrauch (Liquid Smoke) • Salz • Pfeffer

1 Alle Zutaten in einen kleinen Topf geben und bei mittlerer Hitze erwärmen. Gelegentlich umrühren und langsam zum Kochen bringen. Die Sauce einmal aufkochen, dann auf kleinste Hitze reduzieren und in ca. 25 Min. eindicken lassen. Die Sauce mit Salz und Pfeffer abschmecken

2 Die heiße Sauce in zwei Schraubgläser füllen, verschließen und bis zu 2 Wochen im Kühlschrank aufbewahren. Die Sauce schmeckt auf Burgern und zu Pommes, eignet sich als Marinade für Tofu oder zum Glasieren von Pattys.

Für 1 Glas (500 ml) • 15 Min. Zubereitung • 10 Min. Kochen • Pro Portion (20 ml) ca. 50 kcal, 2 g E, 3 g F, 3 g KH

VEGANE KÄSESAUCE

GUT VORZUBEREITEN

200 g Cashewkerne • 1 TL Knoblauchpulver • 2 EL Zitronensaft • 20 g Hefeflocken • 1 Msp. geräuchertes Paprikapulver • 1 TL edelsüßes Paprikapulver • 1 TL gemahlene Kurkuma • 1 TL Gemüsebrühe (Instant) • Salz • Pfeffer

1 Die Cashewkerne mit 300 ml kochendem Wasser übergießen und ca. 10 Min. einweichen. Abspülen und mit Knoblauchpulver in den Mixer geben. Zitronensaft, Hefeflocken, Gewürze, 1 TL Salz und etwas Pfeffer sowie 250 ml kaltes Wasser dazugeben. Alles in ca. 3 Min. cremig pürieren. Kräftig salzen und pfeffern.

2 Die Sauce in einem Topf bei mittlerer Hitze unter häufigem Rühren ca. 10 Min. eindicken lassen, ggf. Wasser dazugeben. Warm oder kalt zum Dippen oder Überbacken verwenden.

*Für 1 Glas (450 ml) • 6 Min. Zubereitung •
Pro Portion (20 ml) ca. 70 kcal, 2 g E, 7 g F, 1 g KH*

SESAM-MINZE-DIP

SCHNELL

4 EL heller Sesam • 200 g vegane Joghurtalternative aus Soja • 150 g vegane Mayonnaise • 70 g Tahin (Sesampaste) • 1 Bio-Orange • 1 Bund Minze • 1 Knoblauchzehe • 2 EL dunkler Sesam • Salz • Pfeffer

1 Hellen Sesam in einer Pfanne ohne Fett wenige Min. anrösten, bis er duftet, herausnehmen.

2 Joghurt, Mayo und Tahin glatt rühren. Orange heiß waschen, abtrocknen und die Schale in den Dip reiben. Die Frucht halbieren und auspressen. 5 EL Saft dazugeben. Minze waschen, trocken schütteln, die Blätter abzupfen und ein paar beiseitelegen. Die übrigen Blätter fein hacken und zum Dip geben. Knoblauch schälen und dazupressen. 3 EL gerösteten Sesam dazugeben. Alles gut vermischen, mit Salz und Pfeffer abschmecken und mit dem restlichen hellen (1 EL) und dem dunklen Sesam bestreut servieren.

*Für 1 Glas (450 ml) • 8 Min. Zubereitung •
Pro Portion (20 ml) ca. 45 kcal, 1 g E, 3 g F, 4 g KH*

DATTEL-CURRY-SAUCE

FÜR GÄSTE

50 g Mandelblättchen • 1 Knoblauchzehe • 100 g getrocknete Datteln • 200 g pflanzliche Joghurtalternative aus Mandeln • 150 g vegane Frischkäsealternative aus Mandeln • 2 TL mildes Currypulver • Salz • Pfeffer

1 Die Mandelblättchen in einer Pfanne ohne Fett einige Min. bei mittlerer Hitze hellbraun anrösten, bis sie duften. Aus der Pfanne nehmen und grob hacken.

2 Den Knoblauch schälen und grob hacken. Die Datteln grob zerkleinern. Knoblauch und Datteln mit Joghurt, Frischkäse, Currypulver und 50 ml Wasser im Hochleistungsmixer fein pürieren. Die Sauce mit Salz und Pfeffer abschmecken. In ein sauberes Schraubglas umfüllen und bis zu 4 Tage im Kühlschrank aufbewahren. Die Dattel-Curry-Sauce passt zu orientalischen Burgern oder als cremiger Dip zu Rohkost.

Für 25 Scheiben • 20 Min. Zubereitung • 6 Min. Backen • Pro Scheibe ca. 15 kcal, 0 g E, 1 g F, 2 g KH

VEGANER BACON

KLASSIKER

5 Blätter Reispapier
2 EL Öl
2 EL Sojasauce
½ EL Miso-Paste
½ EL Ahornsirup
1 TL Tomatenmark
½ TL Flüssigrauch (Liquid Smoke; ersatzweise ½ TL Rauchsalz)
¼ TL geräuchertes Paprikapulver
½ TL Knoblauchpulver

1 Den Backofen auf 170° (Umluft) vorheizen und zwei Backbleche mit Backpapier auslegen. Das Reispapier mit einer Schere in 2,5–3 cm breite Streifen schneiden.

2 Öl, Sojasauce, Miso-Paste, Ahornsirup, Tomatenmark und den Flüssigrauch in einer kleinen Schüssel gründlich vermischen. Die Gewürze dazugeben und unterrühren. 6–7 Streifen Reispapier aufeinanderlegen, wenige Sekunden unter fließendem Wasser anfeuchten und nebeneinander auf ein Blech legen. Von beiden Seiten mit Marinade bepinseln. Alle Reispapierstreifen so vorbereiten.

3 Die Bleche in den Ofen (Mitte und unten) schieben und den Bacon in ca. 6 Min. knusprig, aber nicht dunkel backen, da er sonst bitter schmeckt. Aus dem Ofen nehmen und auskühlen lassen. Die krossen Scheiben auf einem herzhaften Burger servieren. Luftdicht verpackt halten sie im Kühlschrank bis zu 3 Wochen.

Für 4 Schraubgläser (à 300 ml) • 20 Min. Zubereitung • 1 Std. + 24 Std. Ziehen • Pro Portion (50 g) ca. 17 kcal, 1 g E, 0 g F, 3 g KH

ZUCCHINI-ZWIEBEL-PICKLES

GÜNSTIG

500 g Zucchini
250 g rote Zwiebeln
1 EL Salz
3 Knoblauchzehen
500 ml Weißweinessig
200 g Zucker
8 Wachholderbeeren
1 EL Senfsamen
2 Zweige Rosmarin
Pfeffer

AUSSERDEM
4 Schraubgläser (à 300 ml)

1 Die Zucchini waschen, putzen und quer in dünne Scheiben schneiden (oder mit einem Gemüsehobel hobeln). Die Zwiebeln schälen und in sehr dünne Scheiben schneiden. Beides in ein Sieb geben und mit dem Salz mischen. 1 Std. ziehen lassen und dann leicht ausdrücken. Den Knoblauch schälen und fein hacken.

2 Den Essig mit Zucker, Gewürzen und Rosmarin sowie 250 ml Wasser aufkochen und ca. 3 Min. unter gelegentlichem Rühren köcheln lassen, bis der Zucker sich aufgelöst hat. Gemüse und Knoblauch dazugeben, den Sud erneut aufkochen und ca. 3 Min. köcheln lassen.

3 Das Gemüse in Schraubgläser umfüllen. Den Sud aufkochen und die Gläser zügig damit auffüllen, fest verschließen und mind. 5 Min. auf den Kopf stellen. Abkühlen lassen. Ca. 24 Std. im Kühlschrank ziehen lassen. Die Pickles halten ungeöffnet mind. 8 Wochen. Geöffnete Gläser innerhalb von 5 Tagen aufbrauchen.

REGISTER

Abkürzungsverzeichnis:
E = Eiweiß
EL = Esslöffel (gestrichen)
F = Fett
kcal = Kilokalorien
KH = Kohlenhydrate
Msp. = Messerspitze
Pck. = Päckchen
TK = Tiefkühl
TL = Teelöffel (gestrichen)
Ø = Durchmesser

LIEBE LESERINNEN UND LESER,

wir wollen Ihnen mit diesem Buch Informationen und Anregungen geben, um Ihnen das Leben zu erleichtern oder Sie zu inspirieren, Neues auszuprobieren. Wir achten bei der Erstellung unserer Bücher auf Aktualität und stellen höchste Ansprüche an Inhalt und Gestaltung. Alle Anleitungen und Rezepte werden von unseren Autoren, jeweils Experten auf ihren Gebieten, gewissenhaft erstellt und von unseren Redakteur*innen mit größter Sorgfalt ausgewählt und geprüft.

Haben wir Ihre Erwartungen erfüllt? Sind Sie mit diesem Buch und seinen Inhalten zufrieden? Wir freuen uns auf Ihre Rückmeldung. Und wir freuen uns, wenn Sie diesen Titel weiterempfehlen, in Ihrem Freundeskreis oder bei Ihrem Online-Kauf.

Sollten wir Ihre Erwartungen so gar nicht erfüllt haben, tauschen wir Ihnen Ihr Buch jederzeit gegen ein gleichwertiges zum gleichen oder ähnlichen Thema um.

KONTAKT ZUM LESERSERVICE

GRÄFE UND UNZER VERLAG
Grillparzerstraße 12
81675 München
www.gu.de

IMPRESSUM

GU ist eine eingetragene Marke der GRÄFE UND UNZER VERLAG GmbH, www.gu.de

ISBN 978-3-8338-8154-1
1. Auflage 2022

Projektleitung: Melanie Loser
Lektorat: Katharina Lisson
Korrektorat: Adriane Andreas
Gesamtgestaltung: independent Medien-Design, Horst Moser, München
Umschlaggestaltung: ki36 Editorial Design, Sabine Krohberger, München
Herstellung: Linda Wiederrecht
Satz: Eberl & Koesel Studio GmbH
Reproduktion: Medienprinzen GmbH
Druck und Bindung: Firmengruppe APPL, aprinta druck, Wemding
Printed in Germany

GRÄFE UND UNZER
Ein Unternehmen der GANSKE VERLAGSGRUPPE

DIE AUTORIN

Annina Schäflein ist Ernährungsexpertin, Bestseller-Autorin und Gründerin von breifreibaby.de. Ihr Fokus liegt auf einer gesunden und abwechslungsreichen Familienküche, die alle überzeugt.

DIE FOTOGRAFINNEN

Maria Grossmann und Monika Schuerle arbeiten seit Jahren gemeinsam in den Bereichen Food, Still Life und Interior. Für dieses Buch wurden sie vom Foodstylisten Lukas Grossmann unterstützt.

Bildnachweis:
Grossmann & Schuerle: S. 06–59 und Stepfotos (Klappen); Auen60 Photography: S. 01, 05 und Stilleben (Klappen);
Kathrin Koschitzki: Cover; Andrea Mühleck: S. 04 Autorenfoto

Umwelthinweis:
Nachhaltigkeit ist uns sehr wichtig. Der Rohstoff Papier ist in der Buchproduktion hierfür von entscheidender Bedeutung. Daher ist dieses Buch auf PEFC-zertifiziertem Papier gedruckt. PEFC garantiert, dass ökologische, soziale und ökonomische Aspekte in der Verarbeitungskette unabhängig überwacht werden und lückenlos nachvollziehbar sind.

Syndication: www.seasons.agency

Die GU-Homepage finden Sie unter www.gu.de

APPETIT AUF MEHR?

ISBN 978-3-8338-7779-7

ISBN 978-3-8338-8044-5

ISBN 978-3-8338-8018-6

ISBN 978-3-8338-7302-7

ISBN 978-3-8338-7892-3

ISBN 978-3-8338-7813-8

e Auch als eBook erhältlich.

GU

Mehr von GU auf **www.gu.de** und **facebook.com/gu.verlag**

DIE »GU KOCHEN PLUS«-APP

1 APP HERUNTERLADEN

Laden Sie die kostenlose »GU Kochen Plus«-App im Apple App Store oder im Google Play Store auf Ihr Smartphone. Starten Sie die App und wählen Sie Ihren Küchenratgeber aus.

2 REZEPTBILD SCANNEN

Scannen Sie das gewünschte Rezeptbild mit der Kamera Ihres Smartphones. Klicken Sie im Display die Funktion Ihrer Wahl.

3 FUNKTIONEN NUTZEN

Sammeln Sie Ihre Lieblingsrezepte. Speichern und verschicken Sie Ihre Einkaufslisten. Oder nutzen Sie den praktischen Supermarkt-Finder und den Rezept-Planer.